Bilingual Picture Dictionaries

My First Book of
Vietnamese
Words

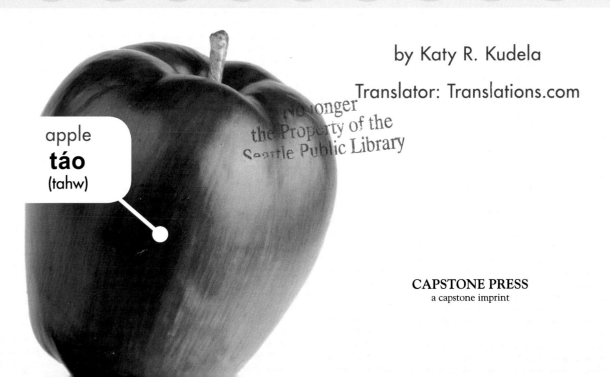

apple
táo
(tahw)

by Katy R. Kudela

Translator: Translations.com

CAPSTONE PRESS
a capstone imprint

Table of Contents

How to Use This Dictionary

This book is full of useful words in both Vietnamese and English. The English word appears first, followed by the Vietnamese word. Look below each Vietnamese word for help to sound it out. Try reading the words aloud.

Topic Heading in English

Topic Heading in Vietnamese

Word in English
Word in Vietnamese
(pronunciation)

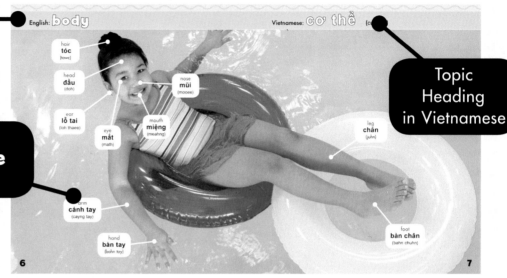

Notes about the Vietnamese Language

The Vietnamese language has six tones. The tones differ in pitch, length, and melody. Tonal marks are added above or under the vowel. These tonal marks mean that vowel sounds can be said in different ways. Listed below are examples of the tonal marks using the vowel "a."

Type of tonal mark	Example
Unmarked tone or level tone has no mark "a"	ba means "three"
High rising tone is shown with an "á"	bá means "hundred"
High falling tone is shown with an "à"	bà means "grandma"
Low rising is shown with an "ả"	bả means "she is"
High creaky is shown with an "ã"	bã means "waste"
Low creaky is shown with an "ạ"	bạ means "any"

Depending on the meaning, some English words are represented by more than one Vietnamese word. Commas are used to separate the words in these labels.

In many of the pronunciations, "ah" or "h" is added to signify the vowels are long. The use of double vowels means the sound is repeated twice.

In a pronunciation, the accent mark ' represents the tonal mark as seen in the Vietnamese word.

3

uncle
chú, bác, cậu
(joo, back, cun)

mother
mẹ
(meah)

cousin
anh họ, em họ
(ayng haw, eahm ho)

aunt
cô, dì
(cow, yee)

baby
em bé
(eahm beah)

grandmother
bà nội, bà ngoại
(ba noh'EE, ba ngaw-aee)

father
ba
(ba)

grandfather
ông nội, ông ngoại
(ohng, noh'EE, ohng ngahoal)

brother
anh trai, em trai
(ahyng chaee, eahm chaee)

sister
chị gái, em gái
(jee gaee, eahm, gaee)

hair
tóc
(tawc)

head
đầu
(doh)

ear
lỗ tai
(loh thaee)

eye
mắt
(math)

nose
mũi
(mooee)

mouth
miệng
(meahng)

arm
cánh tay
(cayng tay)

hand
bàn tay
(bahn tay)

leg
chân
(juhn)

foot
bàn chân
(bahn chuhn)

pajamas
quần áo ngủ
(quuhn ahw ngoo)

coat
áo choàng
(ahw jaw-ahng)

shorts
quần ngắn
(quuhn ngan)

boot
giày ống
(yay ohng)

shoe
giày
(yay)

hat
nón
(nawn)

pants
quần dài
(quuhn daee)

sock
vớ
(vuh)

dress
áo đầm
(ahw duhm)

shirt
áo sơ mi
(ahw su mee)

kite
con diều
(con yee-oh)

doll
búp bê
(bip beh)

puzzle
câu đố
(cuh-oo dow)

train
xe lửa
(seah lneu-uh)

wagon
xe ngựa
(seah ngeu-uh)

puppet
con rối
(con roh-ee)

skateboard
ván trượt
(vahn cheu-uhk)

jump rope
nhảy dây
(nai-ee dee)

ball
trái banh
(chai bahyng)

bat
cây vợt
(keh-ee vuht)

11

picture
bức tranh
(booc chahyng)

lamp
đèn
(deahn)

window
cửa sổ
(cneu-uh sow)

dresser
bàn trang điểm
(bahn chahng dee-m)

curtain
màn cửa
(mahn cneu-uh)

blanket
mền
(mehn)

door
cửa ra vào
(cneu-uh ra vow)

pillow
gối ôm
(goh-ee ome)

bed
giường
(yeu-uhng)

rug
thảm trải sàn
(tam chah-ee sahn)

13

bathtub
bồn tắm
(bone tam)

soap
xà phòng
(sah phohng)

toilet
bồn cầu, nhà vệ sinh
(bone goh, na veh seehyng)

14

mirror
gương
(gahuung)

toothbrush
bàn chải đánh răng
(bahn chah-ee dayng rahng)

toothpaste
kem đánh răng
(keahm dayng rahng)

comb
lược
(luhuc)

sink
bồn rửa
(bone reu-uh)

towel
khăn tắm
(kahn tam)

brush
bàn chải
(bahn chah-ee)

15

bowl
cái chén
(kai cheahn)

stove
bếp lò
(behp law)

pot
cái nồi
(kai noh-ee)

oven
lò nấu
(law nuhw)

16

refrigerator
tủ lạnh
(too lahyng)

table
bàn
(bahn)

knife
con dao
(cawn dao)

plate
cái đĩa
(kai deea)

spoon
cái muỗng
(kai moo-uhng)

fork
cái nĩa
(kai neea)

milk
sữa
(soo-ee)

carrot
cà rốt
(ca roht)

bread
bánh mì
(bah-eeng mee)

apple
táo
(tahw)

butter
bơ
(buh)

egg
trứng
(cheung)

pea
đậu
(duh-oh)

orange
cam
(kahm)

sandwich
bánh mì kẹp thịt
(bah-eeng mee keahp teet)

rice
cơm
(guhm)

19

tractor
máy kéo
(may ceaho)

hay
cỏ khô
(co kow)

fence
hàng rào
(hahng row)

farmer
người nông dân
(nguh-uh-ee nohng yuhn)

sheep
con cừu
(cawn gih-OO)

pig
con heo
(cawn heaho)

horse
con ngựa
(cawn ngeu-uh)

barn
kho thóc, chuồng ngựa
(ko tawo, joo-owhng ngeu-uh)

cow
con bò
(cawn baw)

chicken
con gà
(cawn ga)

21

leaf
lá
(la)

butterfly
con bướm
(con beu-uhm)

flower
bông hoa
(bohng hoa)

shovel
cái xẻng
(kai seahng)

bird
chim
(jeem)

worm
con sâu, con giun
(con suh-oo, con yoon)

22

plant
cây trồng, thực vật
(keh-ee chohng, tuc vat)

grass
cỏ
(co)

dirt
đất
(duht)

seed
hạt
(haht)

23

brown
màu nâu
(maoo know)

purple
màu tím
(maoo teem)

orange
màu cam
(maoo kahm)

white
màu trắng
(maoo chahng)

red
màu đỏ
(maoo daw)

black
màu đen
(maoo dan)

pink
màu hồng
(maoo howhng)

blue
màu xanh
(maoo sahyng)

yellow
màu vàng
(maoo vahng)

green
màu xanh lá cây
(maoo sahyng lah kay)

teacher
thầy cô giáo
(tay cow yahw)

book
quyển sách
(quy-ehn sayk)

desk
bàn học
(bahn hawc)

pencil
bút chì
(boot chee)

crayon
bút chì màu
(boot chee maoo)

map
bản đồ
(bahn dow)

clock
đồng hồ treo tường
(dowhng how cheaho theuuhng)

computer
máy vi tính
(may vee theehyng)

chair
ghế
(geh)

paper
giấy
(yay)

traffic light
đèn giao thong
(deahn yao tohng)

library
thư viện
(too vyee-n)

store
cửa hàng
(cneu-uh hahng)

LIBRARY

ONE WAY

Tuesday 2:00-5:00
Thursday 2:00-6:00

bicycle
xe đạp
(seah duhp)

car
xe ôtô
(seah owtow)

28

tree
cây
(keh-ee)

bus
xe buýt
(seah booyth)

park
công viên
(cohng vyee-n)

street
con đường
(kon deu-uhng)

sign
biển hiệu
(byee-n heeou)

STOP

29

Numbers • Số (sow)

1. one • **một** (mo'oht)
2. two • **hai** (high)
3. three • **ba** (bah)
4. four • **bốn** (bone)
5. five • **năm** (num)

6. six • **sáu** (sao)
7. seven • **bảy** (buh-ee)
8. eight • **tám** (tahm)
9. nine • **chín** (jean)
10. ten • **mười** (muh-uh-ee)

Useful Phrases • các thành ngữ hữu ích (ca-c tahyng ngoo hoo-oo ee-yk)

yes • **có, vâng** (co, vuhng)

no • **không** (kohng)

hello • **xin chào** (seen jow)

good-bye • **chào tạm biệt** (jow tha'hm bee'IT)

good morning • **chào buổi sáng** (jow boo-ee sahng)

good night • **chúc ngủ ngon** (jooc ngoo ngawn)

please • **xin vui lòng** (seen voo-ee lohng)

thank you • **cám ơn** (gam uhhn)

excuse me • **xin lỗi** (seen loh'EE)

My name is _____. • **Tôi tên là** _____. (thoy thayn la)

Read More

Hippocrene Vietnamese Children's Picture Dictionary.
New York: Hippocrene Books, 2006.

Turhan, Sedat. *Milet Picture Dictionary: English-Vietnamese.*
London: Milet Publishing, 2003.

Internet Sites

FactHound offers a safe, fun way to find Internet sites related to this book. All of the sites on FactHound have been researched by our staff.

Here's all you do:

Visit *www.facthound.com*

Type in this code: 9781429659628

Super-cool stuff! Check out projects, games and lots more at **www.capstonekids.com**

A+ Books are published by Capstone Press,
1710 Roe Crest Drive, North Mankato, Minnesota 56003.
www.capstonepub.com

Library of Congress Cataloging-in-Publication Data
Kudela, Katy R.
  My first book of Vietnamese words / by Katy R. Kudela.
    p. cm. — (A+ Books, Bilingual picture dictionaries)
  Includes bibliographical references.
  Summary: "Simple text paired with themed photos invite the reader to learn to speak
Vietnamese" — Provided by publisher.
    ISBN 978-1-4296-5962-8 (library binding)
    ISBN 978-1-4296-6163-8 (paperback)
    1. Picture dictionaries, Vietnamese. 2. Picture dictionaries, English. 3. Vietnamese language—
Dictionaries, Juvenile—English. 4. English language—Dictionaries, Juvenile—Vietnamese. I. Title. II. Series.
PL4376.K83 2010
495.9'22321—dc22   2010029476

Credits
Lori Bye, designer; Wanda Winch, media researcher; Eric Manske, production specialist

Photo Credits
Capstone Studio/Gary Sundermeyer, cover (pig), 20 (farmer with tractor, pig)
Capstone Studio/Karon Dubke, cover (ball, sock), 1, 3, 4–5, 6–7, 8–9, 10–11, 12–13, 14–15, 16–17,
    18–19, 22–23, 24–25, 26–27
Image Farm, back cover, 1, 2, 31, 32 (design elements)
iStockphoto/Andrew Gentry, 28 (main street)
Photodisc, cover (flower)
Shutterstock/Adrian Matthiassen, cover (butterfly); David Hughes, 20 (hay); Eric Isselee,
    20–21 (horse); hamurishi, 28 (bike); Ievgeniia Tikhonova, 21 (chickens); Jim Mills, 29
    (stop sign); Kelli Westfal, 28 (traffic light); Margo Harrison, 20 (sheep); MaxPhoto, 21
    (cow and calf); Melinda Fawver, 29 (bus); Robert Elias, 20–21 (barn, fence); Vladimir
    Mucibabic, 28–29 (city skyline)

Note to Parents, Teachers, and Librarians
Learning to speak a second language at a young age has been shown to improve overall
academic performance, boost problem-solving ability, and foster an appreciation for other
cultures. Early exposure to language skills provides a strong foundation for other subject
areas, including math and reasoning. Introducing children to a second language can help
to lay the groundwork for future academic success and cultural awareness.

Printed in the United States of America.
3242